AF359338

JUGEMENT

RENDU

PAR LE TRIBUNAL CIVIL DE BAYEUX,

Le 14 *Février* 1833,

Dans l'affaire relative aux testamens de M. le Marquis de CAMPIGNY.

LOUIS - PHILIPPE, ROI DES FRANÇAIS, à tous présens et à venir,

SALUT.

Aujourd'hui quatorze Février mil huit cent trente-trois,

LE TRIBUNAL de première instance de l'arrondissement de Bayeux, département du Calvados, a rendu le jugement suivant,

Entre M. Guillaume - Stanislas - Florestan Bauquet de Grandval, propriétaire, demeurant et domicilié en la commune de Neuville-au-Plein, arrondissement de Valognes, poursuivant l'audience, quoique défendeur, comparant par M^e. Philibert Bessin, son avoué, d'une part ;

M. Jean-Baptiste-Pierre Debaudre-Desnoyers, propriétaire, demeurant en la commune du Tourneur, comparant par M^e. Larose-Longtaillis, son avoué, de deuxième part ;

M. Michel-François Duhamel, propriétaire et cultivateur, demeurant en la commune de Clinchamps, comparant par M^e. Delarue, son avoué, de troisième part ;

M. Charles Bauquet de Grandval, vicaire-général, chanoine du diocèse de Bayeux, et chanoine honoraire du chapitre de St.-Denis, demeurant à Bayeux, comparant par M°. Bessin, son avoué , de quatrième part;

M. Michel Bauquet de Grandval, chevalier de St.-Louis, et Mad°. Julie-Henriette Hue de Caligny, son épouse, demeurant en la commune de Neuville-au-Plein, comparant par M°. Bessin, leur avoué, de cinquième part;

La dame Coralie-Charlotte-Robertine Erard de Belisle-Saint-Remy, et M. Jules de Traynel, son mari, demeurant en la commune de Bricquebec; la dame Emélie-Alzémia-Charlotte-Georgette Erard de Belisle-Saint-Rémy, et M. François-Hippolyte Clérel, vicomte de Tocqueville, son mari, chevalier de la Légion-d'Honneur, demeurant à Paris, intervenans par requête signifiée le 4 Décembre 1832, et comparans par M°. Basley, leur avoué, de sixième part;

Enfin, M. Bon-Auguste Erard de Belisle, propriétaire, demeurant à Paris, aussi intervenant par requête à la date du 29 du même mois, comparant par M. Tailpied, son avoué, de septième et dernière part.

FAIT.

Par deux testamens, le premier, dans la forme mystique, en date du 30 Novembre 1822, déposé devant M°. Vautier, notaire à Bayeux, le 24 Mai 1825; et le deuxième, dans la forme olographe, en date du 22 Mars 1827, déposé également à M°. Vautier, notaire, le 27 Septembre 1828 , M. Bon-Louis-Charles

(3)

Bauquet de Surville, marquis de Campigny, a institué pour son légataire universel, le mineur Guillaume-Stanislas-Florestan Bauquet de Grandval, et pour exécuteur testamentaire M. l'abbé de Grandval, son oncle. Ces testamens contiennent, en outre, un nombre considérable de legs particuliers et des dispositions relatives aux droits et reprises de Mad°. la marquise de Campigny. Un codicile à la date du 12 Mai 1824, joint au premier testament, accorde la jouissance des biens légués à M. Guillaume-Stanislas-Florestan Bauquet de Grandval, à M. Michel Bauquet de Grandval et à Mad°. Rose-Julie-Henriette Hue de Caligny, ses père et mère, jusqu'au mariage du légataire universel, fait du consentement libre de ses parens.

Par son testament olographe du 22 Mars 1827, M. le marquis de Campigny a fixé à l'année 1835 l'entrée en jouissance, de la part de M. Guillaume - Stanislas-Florestan Bauquet de Grandval, des biens à lui légués, dans le cas où il ne contracterait pas mariage avant ladite époque.

M. le marquis de Campigny est décédé à Paris le 17 Septembre 1828.

Le mineur Bauquet de Grandval a été envoyé en possession du legs fait à son profit, suivant ordonnance de M. le président du tribunal civil de Bayeux, en date du 2 Octobre 1828.

Un inventaire des meubles, titres et papiers con-

cernant la succession de M. le marquis de Campigny , a
été dressé tant à Paris qu'à Bayeux , à la requête de
Made. la marquise de Campigny , de M. Michel Bauquet
de Grandval , tuteur de son fils mineur , et de M. l'abbé
de Grandval , exécuteur testamentaire , en présence
de M. le comte Bon-Auguste Erard de Belisle , propriétaire , demeurant à Paris , habile à se porter seul
héritier de M. le marquis de Campigny , savoir : pour
la moitié déférée à la ligne paternelle , comme étant
son cousin issu de germain dans cette ligne ; et pour
l'autre moitié déférée à la ligne maternelle , à défaut
de parens dans cette ligne. Les inventaires constatent
que tous les titres et papiers ont été confiés à Made. de
Campigny pour lui faciliter la liquidation de ses droits.

Le 17 Décembre 1829 , M. Jean-Baptiste-Pierre
Debaudre-Desnoyers , se prétendant héritier de M. de
Campigny dans la ligne maternelle , a fait assigner
M. Michel Bauquet de Grandval , tant en son nom que
comme tuteur naturel et légal de M. Guillaume-
Stanislas-Florestan Bauquet de Grandval , et M. l'abbé
de Grandval , pour les faire condamner à la remise des
effets mobiliers , titres et papiers de la succession de
M. le marquis de Campigny , dont , selon M. Debaudre ,
MM. de Grandval se seraient emparés sans droit ni
qualité , avec restitution des fruits perçus depuis l'ouverture de la succession. Plus tard , Made. Michel de
Grandval a été approchée sur l'instance : les uns et les
autres ont constitué avoué.

Le 8 Janvier 1830, le sieur Michel-François Duha-mel, cultivateur, demeurant en la commune de Clin-champs, se disant cousin issu de germain de M. le marquis de Campigny dans la ligne maternelle, est intervenu sur l'instance pour y faire valoir ses droits et réclamer la part à lui afférente dans la succession dont il s'agit.

Une instruction s'est engagée entre les parties : après différens incidens de procédure énoncés dans un juge-ment à la date du 17 Août 1832, M. Debaudre-Desnoyers a développé, dans un Mémoire signifié le 14 Février précédent, son système d'attaque contre les testamens de M. de Campigny.

La famille de Grandval a répondu au Mémoire de M. Debaudre-Desnoyers le 9 Juin 1832.

Après plusieurs délais successivement réclamés par MM. Debaudre et Duhamel, la cause a été fixée à l'audience du 17 Août 1832, pour être statué au principal.

A cette audience MM. Debaudre et Duhamel ayant refusé de conclure, il est intervenu jugement par défaut contre eux, qui déclare valables les testamens de M. le marquis de Campigny, dit à tort l'action desdits sieurs Debaudre et Duhamel, et les condamne aux dépens.

Ce jugement a été délivré et signifié le 15 Sep-tembre 1832.

Les sieurs Debaudre et Duhamel y ont formé opposition par requêtes signifiées les 18 et 20 du même mois.

Au moment où la cause était fixée de nouveau pour recevoir jugement définitif, Mesdames de Traynel et de Tocqueville, nées Erard de Saint-Remy, se prétendant parentes de M. de Campigny au sixième degré dans la ligne paternelle, sont intervenues sur l'instance par requête signifiée le 4 Décembre 1832.

M. Bon-Auguste Erard de Belisle, oncle des dames de Traynel et de Tocqueville, est aussi intervenu le 29 du même mois.

M. Stanislas Bauquet de Grandval a soutenu que les interventions dont il s'agit, ne pouvaient retarder le jugement de l'affaire ; et tout en consentant à ce que les parties intervenantes sistent sur l'instance pour la conservation de leurs droits, il s'est réservé à contester ultérieurement le mérite de leurs demandes, et à opposer toutes fins de non-recevoir au cas appartenant.

Dans un mémoire imprimé, signifié le 26 Décembre 1832, le sieur Duhamel a reproduit les moyens faits valoir par M. Debaudre-Desnoyers ; il a discuté les actes inventoriés ou produits par MM. de Grandval pour justifier leur parenté avec M. de Campigny, et a argumenté d'une pièce mentionnée dans l'inventaire de Paris sous la cote 16, en soutenant qu'il résultait de cette pièce, écrite de la main de M. de Campigny la veille de son décès, que si Stanislas de Grandval n'était point son parent, il ne voulait pas qu'il fût son légataire.

Le sieur Duhamel a même donné le texte entier de cette prétendue révocation, dans les termes suivans : *Exceptant la véracité de la parenté pour laquelle j'ai nommé un héritier de mon désir, je veux et j'exige surtout si ma volonté avait été et est une surprise, Stanislas et parens ne soient plus légataires. On trouvera tout au Beauregard. Le seize Septembre* 1828.

Le 5 Janvier 1833, un écrit de protestation a été signifié pour M. l'abbé de Grandval et pour M. Stanislas de Grandval.

Le 2 Février, M. Debaudre-Desnoyers, en dénonçant les faits dont il demandait à faire preuve, a déclaré que « quelle que soit la traduction que la famille de » Grandval veuille prêter à l'acte qualifié de révocation » par M. Duhamel, il est impossible de ne pas voir » dans cet acte une manifestation contraire aux tes- » tamens de M. de Campigny. »

M. Stanislas de Grandval a communiqué deux lettres écrites par M. de Campigny le 10 Septembre 1828, l'une à Lépine, son cuisinier au Beauregard, l'autre à M. Huet, propriétaire à Cottun.

M. Erard de Belisle a communiqué, de son chef, différentes pièces, et notamment la copie d'une conversation qui a eu lieu entre M. le marquis de Campigny et M. Hervé Erard de Belisle , le 20 Janvier 1818. Cette copie a été déposée, avec le testament de M. Hervé Erard de Belisle , devant M^e. Robert-Dumesnil , notaire à Paris , le 21 Février 1829.

La cause en cet état a été appelée à l'audience du 6 de ce mois , où toutes les parties ont pris et déposé les conclusions qui vont être copiées ci-après. M. de Grandval ayant demandé que l'intervention du sieur Erard de Belisle soit disjointe du principal et que les parties soient renvoyées instruire , tout en consentant que les intervenans sistent sur l'instance pour la conservation de leurs droits , jugement est intervenu ledit jour 6 Février, qui , disant à tort le soutien du sieur de Grandval , reçoit M. Erard de Belisle et les époux de Traînel et de Tocqueville , parties intervenantes , dans la forme , sauf à statuer ultérieurement sur le mérite de leur intervention au fond.

Les avocats des parties ont été entendus aux audiences des 6 , 7 , 8 et 9 Février.

L'avocat de M. Stanislas de Grandval a soutenu en plaidoirie que l'acte de révocation , invoqué par MM. Duhamel et Debaudre , n'était autre que le projet de la lettre écrite par M. de Campigny à Lépine , son cuisinier , le 10 Septembre 1828 , à laquelle était jointe celle adressée à M. Huet , et a lu ce projet ainsi qu'il suit : « *J'ai reçu avant-hier exactement, Lépine , votre* » *lettre du 6 courant , par laquelle vous m'accusez ré-*

» ception de ma dernière. *Je vous en envoie une pour*
» *M. Huet que vous lui ferez passer de suite. Ma*
» *position souffrante m'empêche d'en écrire plus long.*
» *Charmé que tout aille bien au Beauregard, dont*
» *Lépine est heureusement du nombre.* »

CONCLUSIONS.

M. Jean-Baptiste-Pierre Debaudre-Desnoyers con-
clut par M^e. Larose-Longtaillis, son avoué ; plaidant
M^e. le Touzé, avocat,

A ce qu'il plaise au Tribunal,

Attendu, etc.

Par ces motifs et tous autres résultant de l'instruction
et à suppléer des lumières du tribunal, accorder acte à
M. Debaudre-Desnoyers de ce qu'il s'en rapporte sur la
recevabilité des interventions de mesdames de Traynel,
de Tocqueville et de M. Erard de Belisle ; et, faisant
droit sur l'opposition de M. Debaudre-Desnoyers au
jugement du 17 Août dernier, rapporter ledit jugement
dans toutes ses dispositions, et par suite dire à bonne
cause l'action intentée ; prononcer en conséquence l'annulation des dispositions testamentaires de M. de
Campigny au profit de la famille Grandval, avec tous
effets de droit ; condamner la famille Grandval aux dépens : le tout aux offres de prouver surabondamment,
et pour joindre à ce qui résulte déjà de l'instruction,
les faits suivans ; savoir :

1º. Que vers l'année 1818, le sieur abbé de Grandval étant à dîner au Beauregard chez M. de Campigny, hasarda, vers la fin du repas, d'émettre l'opinion, en présence de M. de Campigny, qu'il pourrait y avoir parenté entre eux ; mais qu'à cette espèce de provocation M. de Campigny répondit sèchement : *Je ne connais de parens ici que M. le Vaillant et M. Debaudre de la rue de la Poterie.*

2º. Que depuis longues années et antérieurement à 1820, M. et madame de Campigny entretinrent constamment avec M. Debaudre-Desnoyers et ses enfans, des relations de parenté, de bienveillance et d'amitié ; qu'ils se visitaient souvent lorsque M. de Campigny allait dans la belle saison à sa terre de Saint-Denis-Maisoncelles ; qu'ils se réunissaient pour manger ensemble, tantôt chez M. de Campigny, tantôt chez M. Debaudre ; que lors du mariage de M. Hippolyte Debaudre fils, M. et madame de Campigny accueillirent les jeunes époux, qui habitaient alors en la ville de Bayeux, avec tout l'empressement possible ; qu'ils furent toujours admis soit dans le cercle de la société qui se réunissait chez M. et Mad^e. de Campigny, lorsque Mad^e. de Campigny était à Bayeux, soit même dans leur intimité particulière, et qu'ils étaient fréquemment invités à la table de M. et de Mad^e. de Campigny.

3º. Qu'à raison de ces relations de parenté et d'amitié avec la famille Debaudre-Desnoyers, M. de Campigny fut profondément affecté de la lettre anonyme, ou revêtue d'une signature illisible, qu'il reçut vers l'année 1820 , et dans laquelle on racontait à M. de Campigny que M. Debaudre fils avait dit, au milieu d'un repas , en apprenant la fausse nouvelle du décès de M. de Campigny : *Tant mieux, je suis son héritier, buvons une rasade de plus;* que M. de Campigny fut même si sensible et attacha à la réception d'une pareille lettre une telle importance, qu'il l'envoya à Vire à quelqu'un de confiance pour prendre des informations sur le fait de savoir si le propos grossier et inconvenant qu'on attribuait à M. Debaudre fils , avait été tenu, recommandant aussi très-expressément de renvoyer la lettre à Bayeux à M. de Campigny , ce qui fut fait exactement.

4°. Que depuis l'époque de 1820 notamment, les assiduités de l'abbé de Grandval auprès de M. de Campigny devinrent beaucoup plus multipliées et plus remarquées qu'elles ne l'avaient été jusqu'alors ; qu'en effet, tous les matins après sa messe , le sieur abbé de Grandval était dans l'habitude de passer deux heures près de M. de Campigny ; que si le sieur abbé de Grandval y manquait un matin , il y allait dans le courant de la journée ; que souvent même il y allait plusieurs fois par jour ; que toutes les fois que l'abbé de Grandval se rendait ainsi chez M. de Campigny , ils s'enfermaient ensemble dans la chambre de celui-ci, et que, pendant ces conférences mystérieuses , personne n'était reçu auprès d'eux , sinon M. Thois qui y était quelquefois admis.

5°. Que les assiduités du sieur abbé de Grandval étaient telles, qu'elles éveillèrent l'attention des domestiques et des personnes qui avaient l'habitude de fréquenter la maison ; que bientôt il devint évident pour les gens de M. de Campigny que le sieur abbé de Grandval avait acquis un grand ascendant sur l'esprit de leur maître , et que le sieur abbé de Grandval et le sieur Thois travaillaient ensemble à obtenir le testament de M. de Campigny , soit en faveur de l'abbé de Grandval , soit en faveur de quelqu'un de sa famille ; que Mad^e. de Campigny elle-même le soupçonnait , et marquait souvent son mécontentement contre le sieur abbé de Grandval et contre le sieur Thois , qu'elle accusait de travailler pour la famille Grandval , à son détriment.

6°. Que les visites du sieur abbé de Grandval devenant même quelquefois à charge à M. de Campigny à force d'être répétées , M. de Campigny marquait de l'humeur lorsqu'on venait lui annoncer l'abbé de Grandval , il disait , avec l'accent d'un homme mécontent d'une visite qu'il se trouve forcé de subir : *Ah ! c'est encore l'abbé de Grandval ! qu'est-ce donc qu'il veut encore ?* Que, malgré cette contrariété, M. de Campigny subissait la visite du sieur abbé de Grandval , et s'enfermait mystérieusement avec lui , comme il a été dit précédemment.

7°. Que les visites et les longs entretiens du sieur abbé de Grandval avec M. de Campigny étaient beaucoup moins fréquens lorsque Mad°. de Campigny, qui résidait ordinairement à Paris ou à Versailles, venait passer quelque temps au Beauregard.

8°. Que le sieur abbé de Grandval, dans les visites répétées qu'il faisait à M. de Campigny, était toujours seul; qu'il n'était jamais accompagné de son neveu Florestan de Grandval, encore que celui-ci vînt de temps à autre à Bayeux passer quelques jours chez son oncle l'abbé de Grandval; que le jeune de Grandval était même inconnu aux gens de la maison, du moins pour la plupart, quoiqu'ils fussent depuis long-temps au service de M. de Campigny; qu'il était inconnu à Mad°. de Campigny elle-même.

9°. Que le sieur abbé de Grandval ne se contentait pas de voir le sieur Thois chez M. de Campigny, qu'il l'invitait souvent à manger chez lui; que dans ces circonstances le repas se prolongeait beaucoup plus long-temps qu'on n'avait l'habitude de le faire ordinairement.

10°. Que pendant les trois ou quatre années qu'a duré la maladie du sieur Thois, le sieur abbé de Grandval entrait fréquemment dans son appartement pour le visiter; que dès qu'il était entré il s'empressait d'aller embrasser affectueusement le sieur Thois, et lui donnait ces marques d'intérêt et d'attachement que l'on ne porte ordinairement qu'à ceux avec lesquels on

est lié par le sentiment de la reconnaissance en considération de services importans ; qu'après ces démonstrations
d'amitié , le sieur abbé de Grandval, ou le sieur Thois,
faisait signe aux personnes présentes de se retirer , et
qu'alors ils s'entretenaient ensemble plus ou moins
long-temps.

11°. Que, quelque temps avant le décès de M. de
Campigny à Paris, un deses domestiques ayant eu
besoin de venir à Bayeux pour affaires personnelles , il
en demanda la permission à M. de Campigny, qui, en
la lui accordant , lui fit la défense très-expresse d'aller
porter de ses nouvelles à M. l'abbé de Grandval et à
sa famille; que ce domestique, étonné de cette défense,
en fit part à Mad^e. de Campigny qui lui répondit : *Cela
ne m'étonne pas, depuis long-temps l'abbé de Grandval
poursuit M. le marquis pour avoir son testament.*

12°. Que dans le mois de Septembre 1828, à l'arrivée,
sur les onze heures du soir , du corbillard sur lequel
était posé le cercueil de M. de Campigny , un des
domestiques de la maison se rendit chez M. l'abbé de
Grandval pour savoir où il devait déposer ce cercueil;
que M. l'abbé de Grandval répondit: *Je ne sais. Je ne
puis me déranger à l'heure qu'il est ; laissez-le dans
la charrette , et nous verrons demain ce que nous en
ferons;* que d'après cet ordre, la bière resta effectivement
sur le corbillard pendant toute la nuit, sans qu'il y ait
eu personne préposée à sa garde.

13º. Que le lendemain, vers sept heures du matin, à l'arrivée de l'abbé de Grandval, on descendit le cercueil du corbillard ; on le plaça dans le vestibule, où il resta jusqu'à dix heures et demie ou onze heures, isolé, sans garde et sans être environné de ces signes ordinaires que commandent la décence et les usages religieux.

14º. Qu'aussitôt que le convoi funèbre fut arrivé à l'entrée de la route de Littry, l'abbé de Grandval s'empressa d'abandonner le cortége et de courir chez M. le juge de paix pour le requérir de venir à l'instant même au domicile de M. de Campigny pour lever les scellés ; mais que M. le juge de paix n'étant pas chez lui, cette opération fut différée.

15º. Que pendant les opérations de levée de scellés et d'inventaire, auxquelles sistait le mandataire de M. Erard de Belisle, il fut question entre lui et l'abbé de Grandval de l'examen du tableau généalogique et de la parenté de M. de Campigny avec la famille Grandval. Que le sieur abbé de Grandval entra à cet égard dans une discussion assez vive pour démontrer la prétendue exactitude du tableau généalogique ; qu'il indiqua l'existence des pièces qui, dans son système, étaient propres à établir la fidélité de la généalogie ; qu'enfin il essaya de la justifier avec le zèle que met ordinairement l'homme qui défend son propre ouvrage ; que, par exemple, par rapport à l'absence de la ligne qui, sur le tableau, doit indiquer, du côté des Grandval, la descendance de Jacques Bauquet, sieur de Mauny, le sieur abbé de Grandval se hâta d'affirmer que cette absence de trait linéaire ne provenait que d'une erreur du copiste.

16°. Enfin, que dans le cours des mêmes opérations le sieur de Grandval affectant de faire tomber la conversation sur le testament et la généalogie, s'informa auprès de quelqu'un qui était présent, et avec une inquiétude qui fut remarquée, ·si, en supposant la non-parenté avec M. de Campigny, on pensait que cette circonstance pourrait faire casser le testament. Pour, après la preuve de ces faits, si elle est reconnue nécessaire, être statué ainsi qu'il appartiendra.

Signé **LAROSE-LONGTAILLIS**, *avoué.*

M. Duhamel conclut par M^e. Delarue, son avoué; plaidant, M^e. Lécuyer, avocat,

A ce qu'il plaise au Tribunal,

Le recevoir opposant au jugement par défaut du 17 Août 1832, et, faisant droit sur son opposition, rapporter le même jugement, comme nul et surpris à la religion du tribunal ; en conséquence déclarer nulles et de nul effet, avec toutes suites et effets de droit, comme n'étant que le résultat de la suggestion et de la captation, frauduleuses et dolosives, les dispositions testamentaires de feu M. le marquis de Campigny au profit de la famille Grandval : le tout avec dépens, et sous réserves de prendre ultérieurement toutes et telles autres conclusions qu'il se trouvera appartenir.

Signé **DELARUE** , *avoué.*

M. Duhamel conclut additionnellement par M°. Delarue, son avoué,

A ce qu'il plaise au Tribunal,

En accordant acte au concluant de ce qu'il déclare donner adjonction aux conclusions signifiées par M. Debaudre-Desnoyers le 2 de ce mois, et conclure de son chef, en tant que de besoin, la preuve des faits par lui articulés,

Lui donner acte, en outre, de ce qu'il demande à prouver, pour joindre aux faits déjà relevés, savoir :

Que, vers l'année 1820, M. de Campigny vint chez l'abbé le Perré, qui est décédé en cette ville il y a quelques années, dans l'intention de lui faire part d'une chose qui paraissait le satisfaire beaucoup ; que, n'ayant pas trouvé l'abbé le Perré, il se retira en en exprimant le regret ; mais que, quelques minutes après, il revint et dit à la personne qui était au domicile de l'abbé : vous direz à l'abbé le Perré que ce petit coquin de Thois vient de me trouver une pièce qui me fait connaître un jeune parent que je ne croyais pas avoir.

Adjuger, au surplus, au concluant l'effet des con-

3

clusions précédemment signifiées, avec tous effets et suites de droit.

Signé **DELARUE**, *avoué.*

M. le comte Erard de Belisle conclut par Me. Tail-pied, son avoué ; plaidant Me. Odillon-Barrot, avocat,

Qu'il plaise au Tribunal,

Recevoir M. de Belisle partie intervenante dans la cause, et, statuant sur son intervention, prononcer la rescision des legs, soit pour erreur, soit pour captation, et dès à présent lui donner acte de ce qu'il déclare et offre prouver qu'il n'a rien reçu ni rien consenti qu'à la condition de la justification de la parenté de Florestan de Grandval avec le testateur, et sur la présentation de copies d'actes qui l'ont abusé comme elles avaient abusé avant lui M. de Campigny, testateur ; déclarant le concluant se soumettre d'ailleurs, vis-à-vis de M. de Grandval, à toutes les conséquences de son intervention.

Signé **TAILPIED**, *avoué.*

M. de Belisle conclut additionnellement par Me. Tailpied, son avoué,

A ce qu'il plaise au Tribunal,

Lui accorder acte de ce qu'il donne adjonction aux conclusions prises par M. Debaudre, en tant que des faits de preuve relatifs à l'enlèvement de pièces du Beauregard pendant l'apposition des scellés, et à leur transport chez M. l'abbé de Grandval, et de ce qu'il déclare se les rendre propres : fait dont la vraisemblance se trouve déjà justifiée par la communication faite récemment, de la part des légataires, de pièces qui ont nécessairement appartenu à M. de Campigny.

Lui accorder acte encore de ce qu'il demande de son chef, au cas où le tribunal ne trouverait pas sa religion suffisamment éclairée, qu'il y ait des experts nommés pour procéder à la vérification, tant du tableau généalogique que de toutes les pièces, actes et titres dans lesquels les écritures du procès signalent des altérations.

Accorder acte également au concluant de ce qu'il a communiqué et mis au procès, 1°. un acte de foi et hommage rendu au Roi, le 25 Juin 1519, par Guillaume Cavelande, à cause de la fiefferme de Moon, pour un quart de fief de chevalier ; 2°. une copie de l'aveu rendu le 19 Avril 1596 par Guillaume Bauquet, *fils aîné et principal héritier de Pierre Bauquet, sieur de Moon* du même fief, pour *une moitié du quart* de fief de chevalier, avec déclaration que Thomas de Hottot tient de lui l'autre moitié de quart du même fief ; 3°. une copie de l'arrêt de la Chambre des Comptes, à la date du 30 Juin 1597, rendu sur l'opposition formée par Thomas de Hottot à la main-levée de ce fief réclamée par Guillaume Bauquet, et dans lequel sont visés les actes de cession consentis par Jean et Robert Cavelande *à Guillaume Bauquet ou ses prédécesseurs et*

à Thomas de Hottot ou ses prédécesseurs; 4°. une ex-
pédition d'un acte de vente passé devant le tabellion de
St. Clair, le premier Mai 1553, par lequel noble homme
Robert Bauquet, prêtre, curé de Moon et d'Etanville,
vend à Richard Bauquet, fils Guillaume, son neveu, une
maison et dépendances qu'il déclare tenir par échange de
Richard Bauquet, son frère, en son vivant curé de
Moon et d'Etanville. (Ledit Robert vendeur, frère
dudit Guillaume.)

Accorder acte enfin au concluant de ce que dans
l'acte de mariage de Thomas Bauquet avec Perrette de
Saint-Laurent en 1529, dans la transaction du 5 Juin
1531, dans l'acte de foi et hommage fait par lui
le 6 Mars 1538, ledit Thomas Bauquet y est qualifié
d'écuyer, seigneur et patron de Surville, Huberville et
Beaudreville, et n'y reçoit aucunement celle de sieur
de Moon ; ce qui exclut la pensée qu'il en ait pu
prendre le titre dans aucuns autres actes.

Adjuger par suite et en résultance au concluant les
fins de ses conclusions principales, et le réserver au surplus à ce qui est de fait et de droit.

Signé TAILPIED, avoué.

Pour M. et Mad^e. Traynel et M. et Mad^e. Clairel de
Tocqueville, M^e. Basley, avoué, conclut,

A ce qu'il plaise au Tribunal,

Par les motifs exprimés aux conclusions de M. de

Belisle , leur oncle , qu'ils déclarent se rendre propres , prononcer l'annulation des testamens de M. le marquis de Campigny ; adjuger à Mesdames Traynel et de Tocqueville , conformément à la volonté formelle de M. de Belisle , la moitié de la part d'hérédité dévolue par la loi aux héritiers de la ligne paternelle ; adjuger aux concluans leurs dépens , et les réserver à ce qui est de fait et de droit.

Signé BASLEY , *avoué.*

M. Jean-Baptiste Debaudre-Desnoyers conclut additionnellement par M^e. Larose-Longtaillis , son avoué ,

A ce qu'il plaise au Tribunal ,

Accorder acte à M. Debaudre de ce qu'il ajoute aux faits de preuves déjà articulés , celui qui suit , dont la connaissance vient de lui parvenir ; savoir :

« Que depuis l'apposition des scellés au Beauregard ,
» un des gens appartenant à la maison de M. de Cam-
» pigny a révélé à quelqu'un que , pendant l'opération
» relative à l'apposition des scellés , MM. de Grandval
» avaient bien du bonheur qu'on n'eût pas commencé
» par les apposer dans une chambre qu'il désigna , parce
» qu'elle renfermait des papiers et des notes qui auraient
» appris beaucoup de choses capables de compromettre
» le sort de leur testament ; mais qu'heureusement on
» avait eu le temps d'enlever tous ces papiers et de les
» porter chez M. l'abbé de Grandval. »

Signé LAROSE-LONGTAILLIS , *avoué.*

M. Stanislas de Grandval conclut par Mᵉ. Bessin, son avoué; plaidant, Mᵉ. Adolphe Desclosières, avocat,

Qu'il plaise au Tribunal,

Attendu, etc.

Par ces motifs, sans avoir égard à l'intervention de Mesdames de Tocqueville et Traynel, et statuant sur l'intervention de M. de Belisle, disjoindre de la cause principale les questions qui se rattachent à cette intervention ; renvoyer les parties instruire sur ce chef, quelle que soit l'issue de la contestation principale ; réserver M. Stanislas de Grandval à toute action, même en répétition contre M. de Belisle ; accorder acte toutefois au concluant de ce qu'il consent que, tous moyens tenant état, et sans attribution de qualité, toutes les parties intervenantes demeurent sur l'instance pour y plaider et conclure ainsi qu'elles le jugeront convenable pour la conservation de leurs intérêts ; et, statuant au fond, sans avoir égard aux faits articulés en preuve, lesquels seront déclarés inadmissibles et inconcluans ; sans avoir égard non plus au prétendu acte révocatoire invoqué par MM. Debaudre et Duhamel, recevoir ceux-ci opposans pour la forme au jugement du 17 Août 1832 ; et sans avoir égard à leur opposition, les en débouter ; ordonner que ledit jugement sortira son plein et entier effet, avec nouveaux dépens ; ordonner que le jugement qui sera rendu demeurera commun aux parties intervenantes ; réserver entre M. de Belisle et le concluant les dépens de l'intervention , pour y être statué par suite ainsi qu'il appartiendra.

Signé PH. BESSIN , *avoué.*

M. l'abbé de Grandval conclut par M^e. Bessin , son avoué ,

Qu'il plaise au Ttibunal ,

·Recevoir les sieurs Debaudre et Duhamel opposans pour la forme au jugement par défaut du 17 Août dernier ; les débouter de leur opposition et ordonner que ledit jugement sortira son plein et entier effet , avec nouveaux dépens.

Signé PH. BESSIN , *avoué.*

M. Michel de Grandval et Mad^e. Hue de Caligny, son épouse , concluent par M^e. Bessin , leur avoué ,

Qu'il plaise au Tribunal ,

Recevoir les sieurs Debaudre et Duhamel opposans pour la forme au jugement par défaut du 17 Août dernier ; les débouter de leur opposition et ordonner que ledit jugement sortira son plein et entier effet , avec nouveaux dépens.

Signé PH. BESSIN , *avoué.*

Le procureur du Roi a donné ses conclusions à l'audience du 13 Février.

Le tribunal a renvoyé à ce jour la prononciation du jugement.

Il a reconnu qu'il avait à résoudre le point de droit suivant :

POINT DE DROIT.

L'opposition formée par les sieurs Debaudre et Duhamel au jugement par défaut du 17 Août 1832, qui déclare valables les testamens de M. de Campigny, est-elle fondée ?

Doit-on, en rapportant ledit jugement, déclarer nuls, comme reposant sur une erreur, les testamens dont il s'agit, comme étant, en outre, le résultat de la suggestion et de la captation ?

Doit-on, avant tout, admettre la preuve des faits articulés par les sieurs Debaudre et Duhamel ?

Ou bien, en déclarant lesdits faits non pertinens et inadmissibles, doit-on maintenir le jugement opposé dans toutes ses dispositions ?

Le jugement à intervenir doit-il être rendu commun à toutes les parties ?

Comment doit-il être statué sur les dépens ?

MOTIFS.

Considérant que le marquis de Campigny en instituant Stanislas Bauquet de Grandval son légataire universel, l'a qualifié par ces mots : *mon parent paternel;*

Que les héritiers du sang dans les deux lignes, soutiennent que cette qualification a été la cause *unique* de l'institution ; qu'elle repose sur une erreur inspirée au testateur par des moyens coupables, accompagnés de suggestion, et que cette erreur étant démontrée, l'institution est nulle et de nul effet ;

Considérant que, d'après l'opinion de tous les auteurs et la jurisprudence, les principes de la matière se réduisent :

A reconnaître que *l'erreur* est une cause de nullité des actes de libéralité, comme de tous les contrats ;

Qu'il n'est pas besoin que la cause d'un acte gratuit soit exprimée, parce que ces actes ont toujours une cause présumée, celle de la bienfaisance ;

A distinguer si la cause du testament étant connue, elle a été simplement *impulsive*, ou si elle a été *finale et déterminante* ;

A décider qu'au premier cas, la fausseté de la cause n'annule pas le legs, et qu'au deuxième cas elle entraîne la nullité ;

Enfin à proclamer qu'en cas de doute sur la véritable cause, les difficultés qui s'élèvent doivent s'interpréter en faveur du testament ;

Qu'en fait, il n'est point *textuellement* exprimé dans les testamens du marquis de Campigny que l'institution d'héritier ait été faite par la considération *unique* de la parenté ; que la qualification insérée auxdits testamens n'est qu'une simple énonciation, et non l'expression *formelle et sans équivoque* de la cause qui a donné naissance à l'institution ; que c'est donc en dehors des testamens et en *joignant aux expressions qu'ils renferment,* des circonstances et des faits étrangers à ces testamens eux-mêmes, qu'on est obligé de rechercher le motif qui animait le marquis de Campigny lorsqu'il **a** exprimé ses dernières volontés ;

Que dans ce cas où, en l'absence d'une preuve *évidente,* manifestée par le testateur lui-même en termes exprès, de la cause *déterminante* de sa volonté, les tribunaux ne peuvent procéder que par la voie hasardeuse de présomptions et d'inductions, il est difficile que la conviction sur la cause du legs soit toujours pleine, entière, sans incertitude ;

Qu'à la vérité les héritiers du sang, dans la prévision des doutes qui pouvaient s'élever dans l'esprit des magistrats, ont voulu suppléer à l'insuffisance des testamens sur leur véritable cause, en y rattachant un acte dont ils fixent la date au 16 Septembre 1828, véritable testament de mort, puisqu'il aurait été écrit par M. de Campigny la veille même de son décès, et qu'il contiendrait, suivant eux, la révélation *tardive, mais positive,* du motif de l'institution d'héritier, et la révocation du legs au cas de la *non-véracité de la parenté;*

Mais qu'après l'examen de cet acte, écrit sur la troisième page d'une feuille de papier commun, dont les deux premières sont remplies par un projet de lettre adressée par M. de Campigny à Huet son régisseur, on acquiert la conviction complète que cet acte, qui serait d'un si grand intérêt, n'est qu'un véritable brouillon, dans lequel on ne peut trouver aucun rapport ni avec la traduction qui en a été composée pour le besoin de la cause, ni avec aucune expression qui puisse s'appliquer aux testamens ; qu'en le rapprochant d'une lettre écrite par le marquis de Campigny, le 10 Septembre 1828, à son cuisinier Lépine, contenant l'envoi de la lettre adressée à Huet, et lui accusant réception d'une autre lettre du 6, trouvée en effet dans les papiers de la succession, il est *plus que vraisemblable* que c'est le projet de cette lettre dans lequel on aura *voulu lire* la révocation conditionnelle des trois testamens ; de sorte que cette traduction, *au moins inexacte,* devant être sans hésitation repoussée du procès, le tribunal ne peut trouver dans aucun acte émané du testateur la révélation suffisante du motif *certain et déterminant* de l'institution ;

Considérant qu'en méditant tous les faits de la cause, on ne peut se dissimuler que la *parenté paternelle* de Stanislas *Bauquet* de Grandval avec le marquis *Bauquet* de Campigny a eu une immense influence sur les dispositions testamentaires de celui-ci ;

Que la conviction de cette influence doit résulter, de l'âge et de la position du légataire, à peine âgé de 13 ans, alors à peu près inconnu au testateur, étranger à toutes ses habitudes, avec lequel il n'avait jamais eu, lors des testamens, et avec lequel il n'a eu depuis que des rapports fort rares, sans témoignages publics d'affection et de tendresse ;

De la confection d'un tableau généalogique, non pas seulement de la famille *Surville*, mais aussi de la famille *Grandval*, mises en regard l'une de l'autre : tableau composé nécessairement à une époque rapprochée de celle des testamens, et, selon toutes les apparences, dressé avant leur rédaction ;

Du soin apporté par le marquis de Campigny, dans ses dernières années, pour réunir tous les matériaux de cette généalogie, et pour faire lui-même, sur chaque degré de parenté, un extrait des titres, en signalant surtout les rapports de chacun entre les deux familles ;

De l'obligation imposée au légataire de porter le nom de *Surville*, fief le plus ancien de la famille du testateur ;

De l'affectation avec laquelle le marquis de Campigny a joint constamment cette désignation de *parent paternel* au nom de son légataire, toutes les fois que ce nom est prononcé dans les testamens, sauf cependant dans la dernière partie seulement du troisième testament ;

Des réponses de l'abbé de Grandval dans son interrogatoire ;

Que les préjugés du marquis de Campigny, ses prétentions à la haute illustration de son nom , son respect
religieux pour les anciennes institutions féodales , et
son attachement au principe de la conservation des
biens dans les familles, se réunissent à toutes ces circonstances et à quelques autres moins importantes , pour
révéler la pensée du testateur, d'appeler à recueillir la
possession de ses vastes domaines, un rejeton de *son
sang et de son nom ;*

Que cependant, malgré toutes ces puissantes présomptions , qui du moins conduisent à la pensée que
la qualité de *parent paternel* a été la cause *principale*
de l'institution d'héritier, l'esprit hésite, encore incertain, sur le point de savoir si cette cause a été *unique
et déterminante ;*

Qu'en effet, il est constant au procès, et surtout
par une communication des intervenans , que dès 1818
M. de Campigny était formellement résolu à ne laisser
aucune partie de sa fortune à ses parens de la ligne
maternelle , ni à M. Georges de Saint-Remy et à ses
enfans ;

Que, *surtout , il ne voulait point que son patrimoine
fût divisé , ni que le nom de Surville s'éteignît ;* que ,
pour arriver à ce but, il avait conçu le projet d'appeler
M. Hervé de Belisle, au cas où celui-ci contracterait
mariage, à devenir son seul et unique héritier, à l'exclu-
sion absolue de son frère Auguste ;

Qu'après la mort de M. de Belisle, en 1820, il dut nécessairement, d'après l'ordre de ses idées auxquelles il tenait avec une invariable persévérance, rechercher un nouvel héritier ;

Que ne reportant point ses affections sur M. Auguste de Belisle, il ne pouvait, d'après ses répugnances aujourd'hui connues, fixer son choix sur les membres de sa famille ;

Qu'alors il n'est point invraisemblable que, connaissant un enfant mâle, unique rejeton d'une famille noble du même pays, avec laquelle il avait déjà au moins des rapports affectueux, portant seule dans la contrée, *incontestablement*, le même nom que le sien, ayant des armoiries semblables pour le fond et ne différant que par les couleurs, reconnue par quelques auteurs comme ayant une origine commune, le marquis de Campigny ait puisé dans cette similitude de son nom et de ses armes, la pensée d'affilier Stanislas Bauquet à sa race ; que, dans cet unique but de perpétuer ensemble et son nom et toute sa fortune, il se soit contenté des apparences d'une équivoque parenté ; que de simples doutes, des indices aient suffi à la conviction qu'il désirait avoir;

Qu'il est concevable que, dominé par cette pensée, il ait, indépendamment de toute parenté *réelle*, et peut-être même avec la conviction qu'elle ne pouvait être rigoureusement prouvée, sacrifié sans regret, à l'idée qui flattait son orgueil, des sentimens de famille, qu'il n'envisageait qu'avec froideur pour les uns, avec répugnance pour les autres ;

Que cette opinion acquiert quelque poids par les termes mêmes du testament, où la parenté n'est point présentée comme un doute, mais comme un *fait positif*, affirmé à plusieurs reprises par le testateur, qui voulait ainsi l'accréditer lui-même aux yeux du public, et peut-être aux dépens de la vérité ;

Que son choix paraissait tellement commandé par ce sentiment, qu'en cas de décès de ce seul rejeton qui pût avoir d'enfans, il ne voulait instituer personne pour héritier, pas même les père et oncles de celui-ci, et laissait avec indifférence retourner, en ce cas, la propriété de tous ses biens aux héritiers naturels, si mal placés cependant dans l'ordre de ses affections ;

Que dans la supposition même où, au lieu de caresser volontairement une chimère, M. de Campigny eût cru à la réalité de la parenté, il reste encore incertain, d'après tout ce qui précède, si, après avoir acquis la preuve que Stanislas de Grandval n'était point réellement son parent il aurait rétracté son legs, dans les circonstances où il se trouvait placé relativement à sa famille ;

Considérant que tous ces doutes, dont on ne peut se défendre, parce qu'ils ne pourraient être détruits que par *l'évidence* contraire, doivent, d'après les règles du droit, s'interpréter en faveur du testament ; que ces présomptions favorables à l'institution l'appuieraient encore avec bien plus de force, s'il était établi au procès que le marquis de Campigny avait devers lui de puissans motifs de croire à la *parenté paternelle* qui unissait la famille Bauquet de Grandval à sa propre famille ;

Que l'existence de documens et de titres desquels on devrait conclure la preuve de cette parenté, conduirait d'ailleurs et subsidiairement à la démonstration formelle que, dans l'hypothèse où la *parenté paternelle* pourrait être regardée comme la cause *unique et déterminante* du testament, cette parenté existe, et que par conséquent la cause de l'institution ne repose point sur une *erreur ;*

Qu'ainsi, encore bien que dans ce dernier cas l'affirmation du testateur devant être crue jusqu'à preuve contraire, la charge de la preuve de la *non-parenté* incombât toute entière aux héritiers du sang, il devient utile néanmoins, dans le double but signalé ci-dessus, d'apprécier les preuves ou les présomptions qui, d'après les sieurs de Grandval, ont pu conduire le marquis de Campigny à reconnaître dans l'héritier de son choix son *parent paternel;*

Considérant à cet égard que la *parenté* ne peut pas toujours être démontrée par des preuves rigoureuses, depuis le dernier rejeton jusqu'à l'auteur commun, sans aucune discontinuation, en remontant toujours

successivement de génération en génération, jusques
dans la nuit des temps ; mais qu'elle résulte aussi d'é-
nonciations contenues dans des actes incontestés ou in-
contestables, et qui, en l'absence des actes de naissance et de décès, seules preuves qui soient complète-
ment satisfaisantes, suppléent à l'impossibilité de se
procurer de semblables preuves, lorsque le laps des années, les événemens qu'éprouvent les familles, ou des
circonstances fortuites ont fait perdre la trace des temps
ou des lieux dans lesquels ont vécu ceux dont on re-
cherche l'existence ou la mort ;

Qu'ainsi il faut bien distinguer entre la position
du légataire universel qui vient justifier l'énonciation insérée au testament, *mon parent paternel,*
et qui pour cela n'a besoin que d'établir que le testateur avait des preuves ou des présomptions formelles
de la *parenté*, et la position de celui qui revendique
une succession déjà appréhendée, et qui à ce titre
est obligé d'apporter des preuves rigoureuses non-
seulement de la *parenté*, mais encore *du degré de
parenté*, c'est-à-dire, de toutes les générations qui
se sont succédées depuis l'auteur commun jusqu'au
défunt lui-même et à son prétendu héritier ;

Or, considérant qu'abstraction faite de la généalogie
dont il sera parlé ultérieurement, Stanislas de Grandval invoque, comme preuves *irréfragables* de la parenté
entre le marquis de Campigny et lui-même, 1°. deux

actes à la même date du 25 Mai 1575 ; 2°. un acte à la date du 9 Janvier 1613 ; que ces actes, dont les conséquences sont d'établir que vers la fin du seizième et au commencement du dix-septième siècle, les Grand-val prenaient part, comme *parens paternels*, aux actes de famille des Surville, et les Surville aux actes de famille des Grandval, justifieraient en effet l'existence de la parenté à cette époque, si ces actes résistaient aux attaques dirigées contre eux par les héritiers du sang ;

Considérant, relativement aux deux actes du 25 Mai 1575, qu'ils concernent la garde-noble d'une fille de *feu noble homme Pierre Bauquet de Surville* ; qu'à ces actes figurent *Pierre Bauquet sieur de Grandval, élu pour le Roi à Bayeux* ; et que l'indication de la qualité des personnes comparaissantes se termine par les mots, *tous proches parens et amis de ladite demoiselle* ;

Que l'état matériel du premier de ces actes a vainement été critiqué ; que si la double feuille sur laquelle il est écrit est disjointe, cette circonstance n'a aucun intérêt dans la cause, puisque, dans le second acte, parfaitement conservé, on retrouve toutes les énonciations du premier, et que ce second acte, qui n'a été l'objet d'aucun reproche, est encore plus important que l'autre par les détails qu'il contient ;

Que des énonciations formelles de ces actes il ré-

su¹te, 1°. Que Roberde Bauquet était fille de *Pierre*
de Surville ; 2°. Que *Guillaume* de Huberville était
frère dudit *Pierre*, *oncle paternel de Roberde et
son présomptif héritier* ; qu'il n'est pas contesté que
ces *Pierre* de Surville et *Guillaume* de Huberville
étaient de la ligne Bauquet de *Surville* que repré-
sentait le marquis de Campigny ;

Que la part que prenait *Pierre Bauquet sieur de
Grandval* à ces délibérations indique nécessairement
la parenté paternelle, encore bien qu'il n'y soit
pas qualifié comme tel ; mais qu'on ne peut éprouver
d'incertitudes à cet égard si l'on remarque qu'il figure
dans ces deux actes au deuxième rang : dans l'un ,
immédiatement après Guillaume Bauquet sieur de
Huberville , oncle *paternel ;* dans l'autre , immédiatement après Pierre du Bosq , sieur de Mehéreng , aussi
oncle *paternel* par alliance ; qu'on ne peut penser
qu'il y sistât comme *parent maternel ;* car , outre
que le nom de *Bauquet* fait présumer qu'il était
parent *paternel* , on remarque que les parens mater-
nels , les cinq sieurs de Rozette (nom de la mère) ,
occupent de suite les derniers rangs , conformément
à l'usage qui donne la préséance aux *parens paternels*;
qu'on ne peut davantage penser que ce soit comme
ami , parce qu'en cette qualité , suivant le même
usage , il eût été placé au rang des derniers dans
l'une et l'autre ligne , et que d'ailleurs il est impos-

sible de croire que si Pierre *Bauquet* de Grandval n'eût été qu'*ami* de Roberde *Bauquet* du même nom, il eût quitté ou sa maison de Moon ou sa maison de Bayeux pour assister à la délibération d'une famille qui lui aurait été étrangère, à Valognes, à 15 ou 20 lieues de son domicile ;

Que c'était donc évidemment comme *parent paternel* qu'il se rendait à cette délibération en personne, et qu'il y occupait dans la ligne *paternelle* l'un des premiers rangs ; qu'on est conduit à cette conviction par les faits ci-dessus, sans avoir besoin de recourir aux mots, *tous prochains parens du côté paternel*, inscrits en marge de la copie de partie de l'acte du 25 Mai 1575, et qui ne se trouvent point dans l'original ; qu'il est incertain si cette énonciation n'est qu'une annotation du copiste, ou si elle a été faite pour induire en erreur ; que l'on serait porté à admettre d'autant mieux la première idée, que cette annotation est écrite de la main du sieur Thois, dont les héritiers du sang n'ont point attaqué la probité, et que d'ailleurs à l'ouverture de la succession cette copie n'a point été trouvée jointe aux originaux, mais dans une liasse particulière ; qu'ainsi ces deux actes de 1575 forment déjà une première preuve de la parenté ;

Considérant que l'acte du 9 Janvier 1613, fait 33 ans après celui qui précède, avait pour objet de donner des tuteurs aux enfans mineurs de *défunt noble homme Jacques Bauquet sieur de Mauny* , fils du même *Pierre Bauquet de Grandval*, qui avait sisté à la délibération de 1575 ; qu'à cette délibération , qui se tint en la commune de St.-Pierre-du-Mont , sistait noble *homme* GUILLAUME BAUQUET SIEUR DE HUBERVILLE , *comparant par Charles Bauquet sieur de la Bauqueterie son fils , par proouie* , *passée devant les tabellions de Valognes le cinq dudit mois* ; qu'il y figure dans la ligne des *parens paternels* , et au troisième rang des membres de cette ligne ;

Que si ces énonciations étaient vraies , la preuve de la parenté serait péremptoirement acquise , puisque la qualification de *parent paternel* serait donnée à Guillaume Bauquet de Huberville , *l'un des aïeux de M. de Campigny* , dans une délibération de famille des enfans de Jacques *Bauquet* sieur de Mauny , *l'un des aïeux de Stanislas de Grandval.*

Or, considérant sur ce point d'une haute importance, que le système des héritiers du sang est de méconnaître la présence de Guillaume de Huberville à cette délibération, non parce que celui-ci n'aurait jamais existé, ce qui ne peut être raisonnablement soutenu d'après les justifications de la cause, mais parce qu'il aurait été décédé *avant 1613* , et qu'ainsi l'insertion du nom de Guillaume de Huberville dans cette délibération, serait ou le résultat d'un faux, ou s'appliquerait à un autre individu que l'un des aïeux du marquis de Campigny;

Qu'à cet égard il faut écarter de suite les imputations qui tendent à faire supposer que la délibération du 9 Janvier 1613 aurait été altérée, comme il a été prétendu, dans les mots *de* ou *du Huberville*, *écuyer*, *sieur et cousin*; qu'un examen attentif de l'acte de 1613 dément cette assertion et ne permet pas de douter que cet acte, pur de toute altération ou falsification dans toutes ses parties, ne doive inspirer la confiance la plus entière, au moins relativement à son état matériel; qu'il suit de là qu'on ne peut contester la présence d'un *Guillaume de Huberville* à l'acte de 1613; que l'on n'établit point, qu'on ne rend même point vraisemblable qu'il existât, vers cette époque, dans l'une ou l'autre ligne, un *Guillaume Bauquet* autre que le *Guillaume* aïeul de M. de Campigny;

Que la preuve du décès de celui-ci postérieurement à 1613 résulte positivement de son épitaphe conservée dans le chœur de l'église de Huberville; qu'à la vérité des mutilations, dont elle paraît avoir été l'objet pendant la révolution, semblent laisser incertain si l'année du décès serait 1615 ou toute autre année du dix-septième siècle; mais qu'une lettre du 20 mars 1726, écrite plus de cent ans avant le procès, contenant la copie de l'épitaphe, et trouvée

dans les papiers du marquis de Campigny , *exempte
aussi* , *bien évidemment* , *de toute altération* , ne peut
pas laisser l'ombre d'un doute sur la date contenue
dans cette épitaphe , qui fixe ainsi le décès à deux
années postérieures à l'acte de 1613; que d'ailleurs
l'accord du 12 Février 1616 entre les enfans de *Guillaume* sur la jouissance *provisoire* des biens de la
succession , l'inventaire du premier Mars suivant
et les partages du dix Septembre de la même année ,
ne permettent point de douter qu'ils aient été faits à
une époque rapprochée du jour du décès , et qu'ils s'ac-
cordent parfaitement avec la date de ce décès , portée
au 28 Décembre 1615 ;

Que les héritiers ont été obligés de renoncer aux
conséquences contraires qu'ils tiraient de l'aveu de
1596 , parce qu'en outre qu'elles reposaient sur le fait
inexact qu'on lisait , fils à *défunt Guillaume* , là où il
est reconnu qu'on lit *fils aisnez de Guillaume* , elles
étaient démenties par divers actes incontestés qui
justifiaient que Guillaume de Huberville avait vécu
bien depuis cette année 1596 ;

Que l'argument qu'ils veulent tirer de l'acte d'aveu du
25 Septembre 1612 , n'est pas plus concluant ; parce
que pour établir que cet aveu aurait été rendu par *Jean*
ou *Jean-Guillaume* Bauquet , fils de *Guillaume* , après
le décès de celui-ci , arrivé , dans ce système , avant
1613 , au lieu d'être l'ouvrage dudit *Guillaume* lui-

même, il faudrait d'abord prouver que ce *Jean* aurait porté le nom de *Guillaume*, ce qu'aucun acte ne rend vraisemblable, et pouvoir détruire non-seulement l'énonciation de l'acte même, qui ne laisse aucun doute sur la présence dudit Guillaume, mais encore établir la fausseté de la signature *Guillaume Bauquet* apposée au pied de cet acte, signature d'une forme très-remarquable, dont l'encre ancienne exclut l'idée d'un imitation récente, et qui, par le rapprochement qui en a été fait par le tribunal avec la même signature apposée au pied de l'aveu du 21 Mai 1566, et du contrat de mariage dudit Guillaume du 14 Juin 1566, frappe par une ressemblance qu'on ne peut attribuer à l'imitation, et porte la conviction que celui qui a signé ces derniers actes incontestés, a également signé l'acte du 25 Septembre 1612; que d'ailleurs l'existence de *Guillaume Bauquet* à l'époque du 9 Janvier 1613 est formellement attestée par sa présence *en personne* à l'information faite les 10 Juillet et *Lundi* huitième jour d'Août 1613, ainsi que le constate le procès-verbal de cette information, postérieur de plus de six mois à la délibération du 9 Janvier, et qui n'est contesté que par un vague reproche de suspicion qui prend sa source dans la prétendue vérification qui n'aurait été faite que le 8 Août 1613, deuxième jour de l'information, aurait été un *Jeudi* et non un *Lundi* : circonstance qui ne porterait point atteinte au fait de *la présence* le *dix*

Juillet, bien postérieurement au 9 Janvier, et qui serait, dans tous les cas, trop insignifiante pour invalider la conséquence qui ressort de cet acte ;

Que l'acte du 6 Septembre 1629 n'offre, pas plus que les précédens, des conséquences destructives de l'existence de Guillaume en 1613 ; qu'on ne pourrait s'en servir avec succès, qu'autant qu'il serait prouvé que cet aveu était rendu par Thomas, à cause du décès de *Guillaume* son père, ce qui jeterait de la confusion entre *Guillaume de Huberville* et son fils *Jean*, que les héritiers du sang veulent aussi, sans preuve, appeler *Guillaume*, et dont *Thomas* était fils ; mais que rien ne prouve que ce fût plutôt le mot *père* que le mot *aïeul* qui se trouvait écrit sur la partie effacée de cet acte ; que d'ailleurs toute altération volontaire sur cet acte est impossible à supposer, puisque l'arrêt de la Cour des comptes du 6 Septembre 1632 lève tous les doutes, en énonçant que l'aveu de 1629 avait pour cause le décès de *Guillaume* aieul *de Jean*, ce qui est conforme au soutien du légataire ;

Que s'il est remarquable que *Jean* et *Pierre*, fils *Guillaume*, ne figurent point à cet acte de 1613, il est difficile d'en rien induire, car ils pouvaient avoir des fonctions militaires ou d'autres causes qui les éloignassent de la contrée, et rendissent impossible leur présence à la délibération ; mais qu'à leur place y sistèrent les maris de leurs deux sœurs;

Que l'argument résultant de l'emploi des mots, DU *Huberville*, au lieu DE *Huberville* est puéril et sans consistance;

Qu'on ne doit pas s'attacher à l'induction tirée de ce que Charles, porteur de la procuration de son père à l'acte de 1613, serait qualifié *sieur de la Bauqueterie* (nom d'un fief resté aux mains de la famille Grandval d'après les lots de 1627), parce que ce surnom, qui d'ailleurs peut provenir d'une autre cause que du fief resté dans le patrimoine de la famille Grandval, et qu'il ne paraît point avoir conservé après la mort de son père, ne change rien à la qualification qui lui est donnée de fils de *Guillaume* de Huberville, qualité incontestable, puisqu'elle est affirmée par l'épitaphe même de son père, et que le fils de celui-ci ne pouvait appartenir, comme son père, qu'à la ligne *Surville;*

Que les argumens des héritiers du sang, relativement à l'acte de 1613, étant ainsi successivement détruits, l'existence de Guillaume Bauquet, sieur de Huberville, en 1613, ne peut pas plus être un problême que la qualité de *parent paternel* avec laquelle il comparaissait à la délibération de la famille Bauquet de Grandval; que d'ailleurs il n'y sistait pas *seul* de sa ligne, car on y voit figurer aussi, sous la rubrique *parens paternels* et avec la désignation de *cousins*, le sieur Fauvel de

Longueval qui avait épousé *Marie*, fille de Guillaume
Bauquet, le 5 Octobre 1600, et Jean de Calazac,
sieur de la Ligne, qui avait épousé *Perrette*, autre fille
de *Guillaume*, le 25 Septembre 1605; qu'on y voit
aussi figurer *au même titre* Jacques du Bosq, sieur de
Manneville, fils de *Jeanne* Bauquet, sœur du même
Guillaume et fils de Pierre du Bosq, sieur de Mehéreng qui sistait aussi aux actes de 1575; qu'à la vérité,
la qualification de *cousin* n'a pas été donnée à celui-ci,
mais qu'il est placé dans la série des *parens paternels*,
et que d'ailleurs la présence du père à la délibération
de 1575 et celle du fils à la délibération de 1613, à
trente-huit ans de distance l'une de l'autre, indiquent
bien que ce n'était point à la qualité d'*ami*, mais à celle
de *parent paternel* que le père et le fils sistaient à
ces délibérations des deux familles;

Qu'ainsi, sur huit *parens paternels* sistant à la
délibération de 1613 (et le nombre suppose qu'on
ne dut point recourir à des *amis*, puisque ceux-ci ne
pouvaient être appelés à suppléer que lorsqu'il n'y avait
point six parens dans chaque ligne), quatre d'iceux
appartiennent à la ligne *Surville* : le père, représenté par
le fils, deux gendres et le neveu; ce qui certes n'eût
pas eu lieu s'il n'y avait pas eu *parenté paternelle*;

Que les énonciations de cet acte de 1613 non-seulement démontrent la parenté paternelle des Surville
et des Grandval prenant part aux intérêts respectifs
des deux familles, mais encore elles corroborent les

énonciations , moins précises peut-être , des actes de 1575; qu'elles expliquent maintenant, sans aucune équivoque , la comparution de *Pierre* sieur de Grandval , père de *Jacques* sieur de Mauny , à la délibération de famille de *Roberde* , fille de *Pierre de Surville* , nièce de Guillaume de Huberville , par la comparution réciproque de ce même *Guillaume de Huberville* aux actes de la famille de *Jacques de Mauny* , fils de *Pierre* de Grandval ;

Considérant que M. de Campigny trouvait encore des raisons de compléter sa conviction, si ces actes l'eussent laissée incertaine , dans la similitude du nom ; dans l'habitation depuis des siècles des deux familles dans le même pays ; dans la ressemblance des armoiries parfaitement conformes pour les pièces principales , et ne différant que par les accessoires , (ce qui le portait à penser que , dans la supposition où la noblesse ne procéderait pas d'un auteur commun , les deux branches anoblies de la même famille avaient, à une époque éloignée, pensé à se rapprocher et à se confondre par le même écu) ; enfin dans l'opinion des auteurs sur la noblesse de Normandie; que toutes ces circonstances réunies fournissent , en faveur de la *parenté paternelle* des deux familles de Surville et de Grandval , des preuves telles, que nul ne peut accuser de mensonge la qualification donnée par M. Bauquet de Campigny à Stanislas Bauquet de Grandval : *mon parent paternel ;*

D'où suit que, dans la supposition même où cette qualité eût été la cause *unique*, *finale*, *déterminante* du legs, elle ne serait point fausse, et l'institution d'héritier devrait produire effet ;

Considérant, toutefois, qu'il a été trouvé dans la succession du marquis de Campigny un tableau généalogique contenant l'indication des deux branches Surville et Grandval ; que ce tableau généalogique fait descendre les Surville et les Grandval d'un auteur commun, *Pierre Bauquet, seigneur de Surville*, lequel aurait laissé deux fils, *Thomas*, chef de la branche Surville, et Guillaume, chef de la branche Grandval ;

Qu'il existe des présomptions de fraternité entre ce Thomas et ce Guillaume ; que l'arrêt du 16 Mai 1626 et les lots du 27 Février 1627 rendent vraisemblable l'assertion, énoncée dans la généalogie, que Guillaume et Thomas achetèrent en commun en 1521 le fief de Moon ; que les aveux du dernier jour de Février et 16 Juillet 1538 et 7 Juin 1539, quoïque presqu'illisibles, énoncent, d'une manière assez facile à reconnaître, que Thomas Bauquet y est qualifié de seigneur de *Moon* ou *Mons* (énonciations qui paraissent s'écrire indistinctement) ; qu'ils sont confirmés en ce chef par l'aveu rendu par Richard le 6 Août 1564 ; mais que l'acte d'acquisition de 1521 n'est point représenté ; que ces présomptions sont combattues par des présomptions au moins aussi graves, justifiées par la différence de dates dans les anoblissemens de Thomas

en 1543, et de Guillaume en 1577; par le silence
gardé par tous les titres sur la qualité de *frère* ; par
l'absence de Guillaume au contrat de mariage de
Thomas, prétendu son frère, en 1529, et à la reddition
de son compte de tutelle en 1531 ; par certains actes
qui feraient supposer que l'énonciation de la généalogie
relative à l'acquisition du fief de Moon en 1521 ne
serait pas exacte, ou du moins qu'il n'en eût été vendu
qu'un démembrement, ce qui est rendu probable par
les actes de 1553 et de 1597 ; enfin par les énonciations du Mémoire présenté au Roi en 1777 par M.
de Campigny (quelque peu de confiance qu'on y doive
avoir), qui indiqueraient le mariage de Pierre de Surville en l'année 1492, tandis que, d'après les énonciations d'autres actes, son petit-fils Richard aurait
été majeur et eût fait des acquisitions en 1505; enfin
par l'opposition à l'aveu de 1564;

Qu'en l'absence de toute preuve certaine et en présence de présomptions qui se balancent, il paraît impossible d'affirmer que Thomas et Guillaume Ier. fussent
frères, et que Pierre Banquet, soit qu'il fût réellement
seigneur de Surville, soit qu'il en usurpât déjà le titre
avant tout anoblissement , fût le père commun et le
chef des deux branches ; mais que par la même raison
il est impossible d'affirmer l'assertion opposée ; que
cependant ce serait aux héritiers du sang à apporter
cette preuve positive; que des incertitudes, des doutes,
même des présomptions favorables ne pourraient dé-

truire l'affirmation contenue au testament, affirmation qui forme le titre de parenté du légataire, le dispense de toute preuve, et qui ne peut s'évanouir que devant une démonstration rigoureuse contraire ;

Mais que, dans la supposition même où cette incertitude serait convertie en preuve de la non-*fraternité*, la destruction du premier anneau de la chaîne qui unit la ligne Surville à la ligne Grandval, ne pourrait ruiner les effets de l'institution que si le testateur eût attaché la validité du legs à la véracité de la généalogie, comme eût semblé l'indiquer le prétendu acte du 16 Septembre 1828, repoussé du procès ;

Or, considérant que si tout porte à croire que le tableau généalogique a été composé dans le temps où le marquis de Campigny méditait ses testamens, et peut-être même avant leur confection, il n'existe point dans ces testamens une seule énonciation de laquelle on puisse induire, soit directement, soit par allusion, que, cessant cette généalogie, ils n'eussent pas été faits, ou que l'exécution des dispositions testamentaires et leur validité eût été subordonnée à la preuve rigoureuse de sa véracité sur tous les degrés ; que le testateur a bien désigné Stanislas de Grandval comme étant son *parent paternel*, mais sans indiquer *à quel degré*, et sans déclarer son intention de rattacher les effets de cette institution à aucun acte, ni à aucune justification ; que c'est bien avec la qualification de *parent paternel* que celui-ci a été investi de la fortune du testateur, mais non parce qu'il était le parent à *tel ou tel degré*, non parce qu'il descendait de Guillaume fils Pierre, non parce que l'auteur commun, auquel les Grandval et les Surville se rattachaient, était *Pierre Bauquet* plutôt que tout autre du même nom ;

Que tant qu'il n'est point prouvé, et ce fait ne pourrait l'être que par un acte émané du testateur, que cette généalogie était, dans sa pensée, *cohérente* aux testamens, elle ne peut être considérée que comme un document trouvé dans la succession, tout-à-fait en dehors de ces testamens, et comme une sorte d'analyse des recherches généalogiques du marquis de Campigny, justifiées par des réalités ou des conjectures, et sur lesquelles il eût pu se montrer plus ou moins difficile à se tromper ou à égarer les autres, comme déjà il avait fait en 1777, ainsi qu'il résulte du Mémoire au Roi, présenté à cette époque, et de la réponse sévère du généalogiste Chérin ;

Que pour le succès du système des héritiers du sang, il faudrait admettre, comme juste en droit et en fait, que les mots, *mon parent paternel*, insérés aux testamens, équivaudraient à ceux-ci : *Si Stanislas Florestan de Grandval est mon parent paternel dans l'ordre et les degrés établis par le tableau généalogique qui se trouvera à mon décès....*

Que toutes les règles d'interprétation relatives soit aux contrats, soit aux actes gratuits, bien plus favorables encore à cause du motif de bienfaisance qui y est toujours présumé , repoussent une interprétation aussi dangereuse , qui non-seulement substituerait une condition à l'affirmation formelle du testateur, mais ferait dépendre d'une circonstance non exprimée par celui-ci l'exécution de ses dernières volontés ;

Qu'ainsi les argumentations des héritiers du sang , appuyées sur le tableau généalogique , ne pourraient , dans aucuns cas , anéantir l'institution d'héritier, à moins qu'elles n'opérassent en même temps la destruction des preuves ci-devant analysées , et résultant des actes de 1575 et de 1613 et des circonstances y jointes, qui justifient la qualité donnée au légataire, indépendamment du tableau généalogique ; ou à moins encore qu'il ne fût établi que ce tableau a été l'œuvre de la famille Grandval et l'un des moyens frauduleux ou dolosifs employés pour établir aux yeux du marquis de Campigny l'existence de la parenté ;

Considérant que c'est à ce dernier point que doit se rattacher l'examen des faits de suggestion et de captation invoqués par les héritiers du sang ;

Que les faits articulés par eux à cet égard sont de deux sortes : ceux relatifs aux moyens employés par l'abbé de Grandval pour établir, par des actes faux ou frauduleusement altérés , la preuve d'une parenté qui ne serait qu'une chimère ; et ceux relatifs à l'ascendant, soit moral , soit religieux, que l'abbé de Grandval aurait

exercé sur l'esprit et la conscience du marquis de
Campigny ;

Considérant, quant aux premiers, que les accusations
des héritiers du sang sont toujours restées vagues et sans
imputation directe; qu'il vient d'être établi qu'elles ne
reposent d'ailleurs sur aucun motif, même apparent, .
relativement aux actes principaux qui constituent la parenté ; que si sur quelques actes seulement relatifs aux
premiers degrés de généalogie, l'œil peut remarquer quelques altérations, l'abbé de Grandval n'a point été accusé
formellement d'en être l'auteur ; que ces altérations d'ailleurs ne paraissent point récentes ; qu'au contraire elles
portent l'empreinte *évidente* de l'ancienneté , doivent
ou être attribuées à l'action du temps, ou faire conjec-
turer à quelle époque et dans quel but elles auraient été
commises dans un temps fort éloigné , et pour appuyer
les prétentions d'une vanité qui ne fut point satisfaite ;
que ces pièces arguées ont toujours été une dépendance
du chartrier du marquis de Campigny ; qu'il n'est pas
allégué que jamais elles en aient été déplacées, et qu'elles
aient été à la disposition de l'abbé de Grandval pendant
un temps plus ou moins long ; de même qu'on n'arti-
cule pas que le tableau généalogique ait été composé
par ses soins, rédigé par ses ordres , ou qu'il ait pris
une part quelconque à sa rédaction ;

Que relativement aux faits de la seconde espèce, ils
n'eussent eu quelque poids qu'autant qu'ils auraient
servi de cortége aux moyens coupables dont l'accusation

(51)

d'altération et de falsification faisait supposer l'emploi ;

Mais que ces imputations ainsi écartées, ces faits, soit qu'ils résultent des circonstances du procès , soit que l'on considère comme déjà prouvés ceux dont la preuve est offerte , ont perdu leur gravité ; que d'ailleurs quelques-uns sont tout-à-fait étrangers à l'abbé de Grandval , ou sans afférence avec le testament ; que d'autres sont vagues , ne reposent que sur de simples soupçons , ou des propos attribués à des tiers , qui ne pourraient être opposés ni au légataire , ni à son oncle ; que plusieurs sont même démentis par les actes du procès ; qu'enfin les plus graves se réduisent à des témoignages d'affection, de déférence , d'obséquiosité peut - être , qui ont pu attirer à l'abbé de Grandval la confiance et l'attachement du marquis de Campigny , mais qu'ils sont bien loin de pouvoir constituer cette influence morale qui substitue la volonté d'un étranger à celle du testateur, et caractérise la *suggestion* et la *captation*, admises , il est vrai , par la jurisprudence comme causes de nullité des actes de libéralité , mais seulement lorsqu'elles sont accompagnées du dol , de la fraude ou de l'artifice ;

Que l'attaque , sous ce rapport , est d'ailleurs victorieusement repoussée par la forme même des testamens qui , étant écrits en entier de la main du testateur , excluent davantage l'idée de l'obsession ;

Par l'immensité de la fortune léguée , qui par cela même exigeait une lutte plus difficile contre la volonté du testateur , que s'il se fût agi d'un legs médiocre et de peu d'importance ;

Par la nature même des dispositions qui , laborieusement combinées , font supposer de longues et mûres réflexions de la part de celui dont elles émanent ;

Par la persistance de la volonté du marquis de Campigny pendant près de six années, volonté fermement manifestée , non-seulement dans le testament du 30 Novembre 1822, mais renouvelée, deux ans après, dans le codicile du 12 Mai 1824 , renouvelée de nouveau, le 24 Mai 1825 , par le fait même de l'acte de dépôt du testament , dans la forme la plus solennelle , en présence d'un notaire et de six témoins ; confirmée enfin dans un dernier testament , plus favorable encore que les précédens , fait le 22 Mars 1827 ;

Par la circonstance de la mort de M. de Campigny à Paris, jouissant de toutes ses facultés intellectuelles plus de dix-huit mois après son dernier testament, ayant presque sous les yeux une copie des actes de ses dernières volontés, trouvée dans son porte-feuille de voyage , expirant ainsi loin de la famille Grandval , et lorsqu'une longue absence, détruisant toute idée d'obsession , l'enlevait depuis long-temps à toute influence qui aurait été contraire à sa propre volonté ;

Enfin, par le caractère du testateur, que les parties se sont toutes accordées à représenter, non comme un

(53)

homme facile et crédule, mais comme grave, défiant,
et poussant l'obstination aussi loin que le soin éclairé de
ses intérêts ;

Qu'ainsi, sous quelque rapport qu'on envisage
l'attaque portée contre les trois testamens du marquis
de Campigny, la volonté qu'il a manifestée d'investir
Stanislas-Florestan Bauquet de Grandval de tous ses
biens, doit recevoir la sanction de la justice.

DISPOSITIF.

Par ces motifs, le tribunal, ouï M. le procureur du
Roi, après avoir délibéré conformément à la loi, reçoit
Erard de Belisle, les époux Traynel et de Tocqueville, parties intervenantes sur le procès ; statuant
entre toutes les parties auxquelles le présent jugement est rendu commun, sans avoir égard aux faits
de preuve articulés, lesquels sont déclarés non pertinens
et inadmissibles, reçoit Debaudre-Desnoyers et Duhamel opposans pour la forme au jugement par défaut en
date du 17 Août 1832 ; quoi faisant, ordonne que les
testamens du marquis de Campigny ainsi que ledit jugement recevront leur plein et entier effet ; condamne
Debaudre et Duhamel aux dépens de l'instance, et
Auguste Erard de Belisle et les époux Traynel et
de Tocqueville aux dépens de leur intervention.

Ainsi jugé en l'audience publique du tribunal de pre-

mière instance séant à Bayeux, où siégeaient MM.
PEZET, président, chevalier de l'ordre royal de la
Légion - d'Honneur ; MONTÉGU et LÉLU , juges ;
DELABOIRE , procureur du Roi, et Robert - Edouard
PASTEY, greffier, cesdits jour et an.

En marge de la minute est écrit : Enregistré à Bayeux,
le deux Mars mil huit cent trente-trois , f°. 3, cases 1
et 2 ; reçu onze francs pour deux dispositions définitives,
dixième compris. *Signé* GUILLER.

Mandons et ordonnons à tous huissiers sur ce requis,
de mettre le présent jugement à exécution ; à nos procureurs généraux et à nos procureurs près les tribunaux
de première instance d'y tenir la main ;

A tous commandans et officiers de la force publique
de prêter main-forte , lorsqu'ils en seront légalement
requis, instance du sieur Stanislas-Florestan Bauquet
de Grandval.

En foi de quoi le présent jugement a été signé du
président et du greffier.

PAR LE TRIBUNAL ,
Signé Alex. PASTEY, *commis-greffier*.

Pour copie conforme :
Signé Ph. BESSIN , *avoué*.

BAYEUX, chez C. GROULT, Imprimeur du Tribunal.
(MARS 1833.)

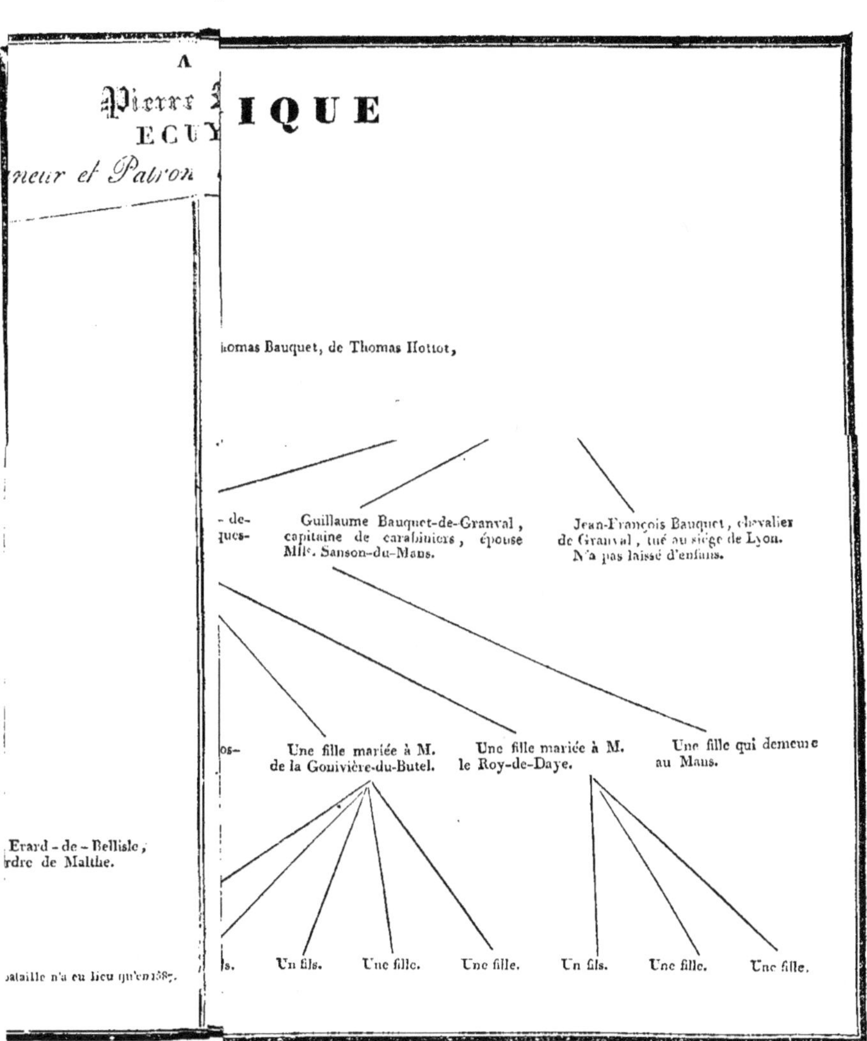

A BAYEUX, IMPRIMERIE DE C. GROULT.

Tableau généalogique

De la famille Bauquet-Surville, marquis de Campigny,

et de la famille Bauquet-de-Grandval,

Avec leur descendance réciproque en ligne directe.

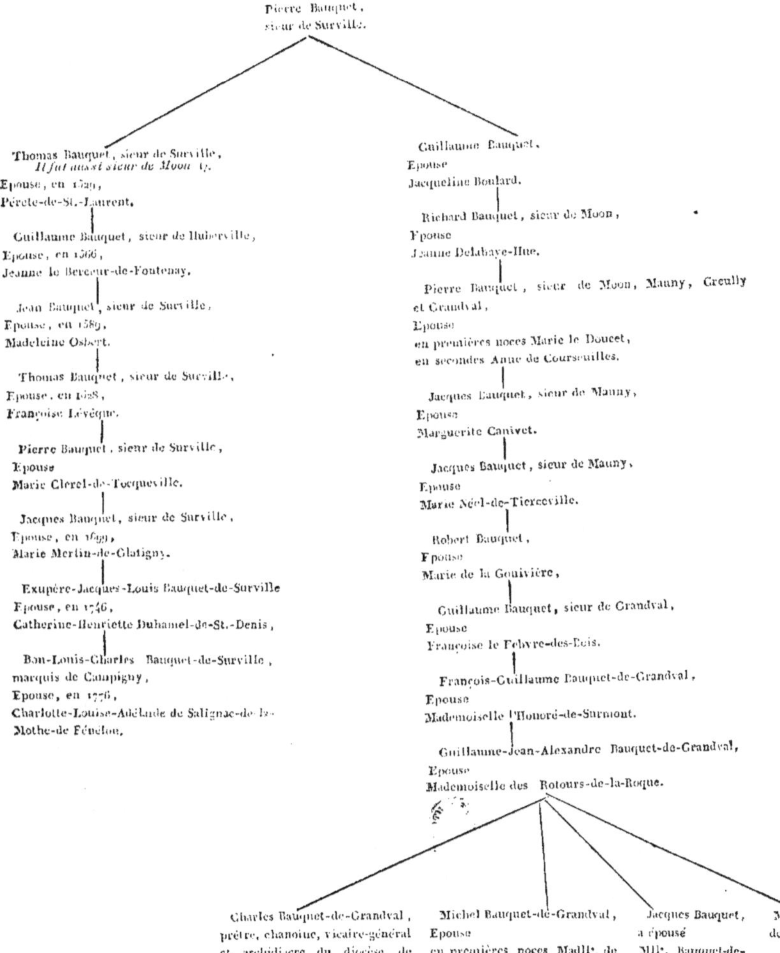

Pierre Bauquet,
sieur de Surville.

Branche de Surville

Thomas Bauquet, sieur de Surville,
Il fut aussi sieur de Moon (1).
Epouse, en 1549,
Pérote-de-St.-Laurent.

Guillaume Bauquet, sieur de Huberville,
Epouse, en 1566,
Jeanne le Berceur-de-Fontenay.

Jean Bauquet, sieur de Surville,
Epouse, en 1589,
Madeleine Osbert.

Thomas Bauquet, sieur de Surville,
Epouse, en 1628,
Françoise Lévèque.

Pierre Bauquet, sieur de Surville,
Epouse
Marie Clerel-de-Tocqueville.

Jacques Bauquet, sieur de Surville,
Epouse, en 1699,
Marie Merlin-de-Glatigny.

Exupère-Jacques-Louis Bauquet-de-Surville
Epouse, en 1746,
Catherine-Henriette Duhamel-de-St.-Denis,

Bon-Louis-Charles Bauquet-de-Surville,
marquis de Campigny,
Epouse, en 1776,
Charlotte-Louise-Adélaïde de Salignac-de-la-
Mothe-de-Fénelon.

Branche de Grandval

Guillaume Bauquet,
Epouse
Jacqueline Boulard.

Richard Bauquet, sieur de Moon,
Epouse
Jeanne Delahaye-Hue.

Pierre Bauquet, sieur de Moon, Mauny, Creully
et Grandval,
Epouse
en premières noces Marie le Doucet,
en secondes Anne de Courseulles.

Jacques Bauquet, sieur de Mauny,
Epouse
Marguerite Canivet.

Jacques Bauquet, sieur de Mauny,
Epouse
Marie Néel-de-Tierceville.

Robert Bauquet,
Epouse
Marie de la Gouivière,

Guillaume Bauquet, sieur de Grandval,
Epouse
Françoise le Febvre-des-Bois.

François-Guillaume Bauquet-de-Grandval,
Epouse
Mademoiselle l'Honoré-de-Surmont.

Guillaume-Jean-Alexandre Bauquet-de-Grandval,
Epouse
Mademoiselle des Rotours-de-la-Roque.

Charles Bauquet-de-Grandval,
prêtre, chanoine, vicaire-général
et archidiacre du diocèse de
Bayeux.

Michel Bauquet-de-Grandval,
Epouse
en premières noces Madll°. de
la Bazonnière, *sans enfans* (2),
secondes noces Madll°. Hue de
Coligny.

Guillaume-Stanislas Florestan-
Bauquet-de-Grandval.

Jacques Bauquet,
a épousé
Mll°. Bauquet-de-
la-Hoderie, sa
cousine.

Mademoiselle
de Grandval.

(1) Ces mots : *il fut aussi sieur de Moon*, ont été ajoutés après coup : parce que, pour faire d'autant mieux croire à M. de Campigny, que les deux familles avaient une origine commune, il était nécessaire de lui faire croire, ce qui n'est pas vrai, que Thomas aurait aussi été sieur de Moon ; qualification qui appartenait exclusivement à la famille de Grandval.

(2) *Sans enfans*... Par conséquent Guillaume-Stanislas Florestan, dernier rejeton des Bauquet-de-Surville.

Bayeux, Imprimerie de C. Groult.